ایزیس و اوزیریس

یک اسطوره مصری

Isis and Osiris

an ancient Egyptian myth

معرفی

مصر باستان طولانی‌ترین تمدن تاریخ بشر بود که مدت ۳۰۰۰ سال ادامه یافت. مصریان خدایان زیادی را پرستش میکردند: دو خدای آنان که مورد علاقهٔ بیشتر مردم بودند ایزیس و اوزیریس نام داشتند. سنت دفن مردگان در مصر بر اساس داستانهای آنان قرار داشت، که چگونگی ساخته شدن نخستین مومیائی را بیان میکند.
اسطوره همچنین سیلاب سالانهٔ رودخانهٔ نیل را شرح میدهد. رودخانه‌ای که همهٔ زندگی به آن وابسته بود. گفته میشد که آب رودخانه براثر اشکهای چشم ایزیس طغیان میکند.

خدایان زن و مرد مصر در این داستان عبارتند از:

ایزیس: الههٔ مادری، نگهبانی و مهربانی.
اوزیریس: خدای زیرزمین و تولد دوباره.
سِت: خدای بدکار صحرا، نافرمانی و طوفان.
هوروس: خدای سلطنت و آسمان.
را: خدای خورشید.

Introduction

Ancient Egypt was the longest running civilization in human history, lasting over 3000 years. The Egyptians worshipped many gods; two of the most popular were Isis and Osiris. Egyptian burial rites were based on their story, which tells how the first ever mummy was made.

The myth also explains the annual flooding of the Nile, upon which all life depended. The rising water was believed to be caused by the tears of Isis.

Egyptian gods and goddesses in this story:

Isis: Goddess of motherhood, protection and healing.

Osiris: King of the Underworld and god of re-birth.

Set: The evil god of the desert, disorder and storms.

Horus: God of kingship and of the sky.

Ra: The Sun god.

ایزیس و اوزیریس

Isis and Osiris

Retold by Dawn Casey

Illustrated by Nilesh Mistry

Farsi translation by Anwar Soltani

Mantra Lingua

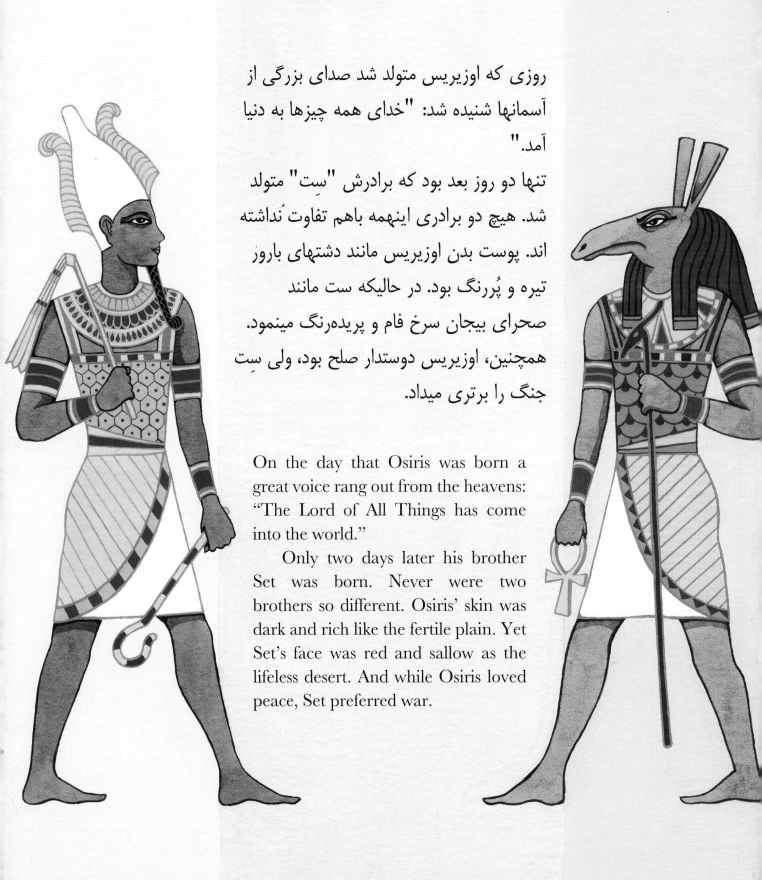

روزی که اوزیریس متولد شد صدای بزرگی از آسمانها شنیده شد: "خدای همه چیزها به دنیا آمد."

تنها دو روز بعد بود که برادرش "سِت" متولد شد. هیچ دو برادری اینهمه باهم تفاوت نُداشته اند. پوست بدن اوزیریس مانند دشتهای بارور تیره و پُررنگ بود. در حالیکه ست مانند صحرای بیجان سرخ فام و پریده‌رنگ مینمود. همچنین، اوزیریس دوستدار صلح بود، ولی سِت جنگ را برتری میداد.

On the day that Osiris was born a great voice rang out from the heavens: "The Lord of All Things has come into the world."

Only two days later his brother Set was born. Never were two brothers so different. Osiris' skin was dark and rich like the fertile plain. Yet Set's face was red and sallow as the lifeless desert. And while Osiris loved peace, Set preferred war.

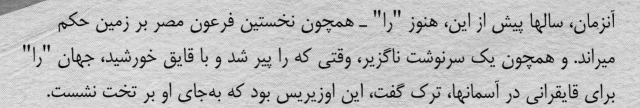

آنزمان، سالها پیش از این، هنوز "را" ـ همچون نخستین فرعون مصر بر زمین حکم میراند. و همچون یک سرنوشت ناگزیر، وقتی که را پیر شد و با قایق خورشید، جهان "را" برای قایقرانی در آسمانها، ترک گفت، این اوزیریس بود که بهجای او بر تخت نشست.

At that time, so very long ago, Ra still ruled on Earth as the first Pharaoh of Egypt. And, sure as fate, when Ra grew old and left this world to sail across the skies in his boat-of-the-sun, it was Osiris who took his throne.

اوزیریس و همسرش ایزیس، فرعون و ملکه مصر شدند. آنها خردمندانه و نیک حکومت میراندند. آشتی همهٔ سرزمین را فرا گرفت. آنگاه اوزیریس به همهٔ جهان سفر کرد و مردمی را که میدید آموزش میداد. هر جا که رفت، آشتی هم آنجا قدم نهاد. وهرگاه او دور میشد ایزیس با قدرت و کاردانی بر سرزمین مصر حکومت میکرد. هنگام مسفرتهای او، مردمی که او را دوست داشتند شادی بزرگی برپا میکردند، جز یکی ...

Osiris and his wife Isis became Pharaoh and Queen of Egypt. They ruled wisely and well. Peace prevailed throughout the land.

Then Osiris travelled the whole world teaching the peoples he met. Wherever he went, peace followed. And while he was away Isis reigned over the land of Egypt with strength and skill.

On his return there was great rejoicing, for all his people loved him.

All except one…

... برادرش سِت.

روزها پشت سرهم، سالها پشت سرهم، سِت با تحقیر به کارهای نیک برادرش نگاه میکرد، در حالیکه حسادت قلبش را فراگرفته بود. اکنون که فریادهای شادمانی برای اوزیریس در گوش او صدا میکرد، کینه سِت نسبت به او بیشتر میشد، تا جائیکه نقشه‌ای برای نابود کردن همیشگی برادرش طرح کرد.

…his brother Set.

Day after day, year after year, Set watched his elder brother's good deeds with scorn in his eyes, and jealousy in his heart. Now, as the cheers for Osiris rang in his ears, Set's hatred burned, and he devised a plan to destroy his brother forever.

سِت بطور پنهانی فرمان داد صندوق آراسته‌ای ساختند، که زیبا تزئین شده بود، و درست به اندازه‌ای بود که بتواند اوزیریس را در خود جای دهد. مهمانی شاهانه‌ای به افتخار اوزیریس ترتیب داده شد. سِت و پیروانش در مهمانی حاضر بودند. او در آنجا صندوق را به نمایش گذاشت. مهمانان با دیدن آن آهی از تعجب و شادی کشیدند. رویهٔ صندوق از نقره و طلا و لاجورد برق میزد، و همچون آسمان شبانه آبی بود و گوهرهای گرانبها بر روی آن چون ستارگان میدرخشیدند.

Secretly Set had a beautiful casket built. It was exquisitely decorated, and it was just the right size to fit Osiris' body.

A royal feast was held in Osiris' honour. Set was there with his followers. And there, he presented the casket. The guests let out gasps of wonder and delight at the sight of it. It shone with silver, gold and lapis lazuli, blue as deep as the night sky, and precious gems sparkled like stars.

سِت اعلام کرد: "هرکس که کاملا در این صندوق جای بگیرد صاحب آن خواهد شد".
مهمانان با علاقمندی و در حالیکه میخندیدند و جوک میگفتند داخل صندوق شدند. یک
یک در درون آن دراز میکشیدند، اما یکی بلندتر، دیگری کوتاهتر، یکی چاق و دیگری
باریکتر بودند. هیچ مردی به اندازهٔ صندوق نبود.
آنگاه اوزیریس پیش آمد و گفت: "اجازه دهید من امتحان کنم". سپس قدم داخل صندوق
گذاشت و درون آن دراز کشید. کاملا اندازهٔ او بود.

"Whoever fits inside this casket shall have it as a gift," Set announced.

Eagerly the guests entered the casket, laughing and joking. One by one they lay down in the chest, but one was too tall, another too short, one was too fat, another too thin. Not one man fitted into the chest.

And then, Osiris came forward. "Let me try," he said. He stepped into the casket and lay down. It fitted perfectly.

ترق! سیت در صندوق را پائین آورد و آنرا محکم بست، اوزیریس آنجا گرفتار ماند.
پیروان سیت بسرعت توفان جلو آمدند و درب تابوت را میخ کوبیدند.

BANG! Set slammed down the lid and snapped it shut, and Osiris was trapped inside. Swift as the storm wind Set's followers rushed forward, and hammered the coffin closed.

با صدای بزرگ شلپ، پیروان سِت تابوت را داخل رودخانۀ نیل انداختند و آبهای تیره روی آنرا فراگرفتند.

باین ترتیب زندگی اوزیریس نیک به پایان آمد.

With an almighty splash Set's followers flung the coffin into the Nile, and the dark waters closed above it.

And so ended the life of Osiris the good.

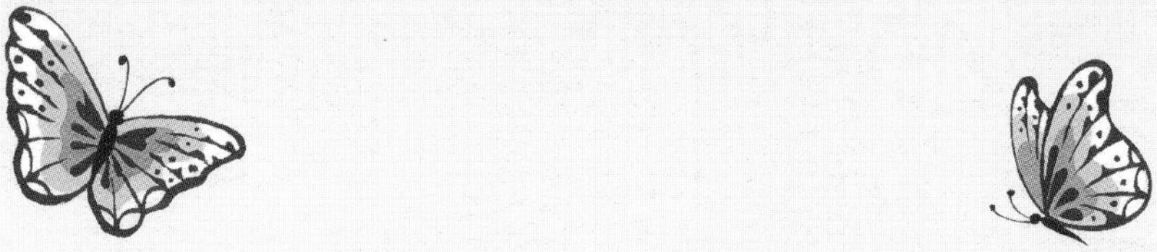

وقتی ایزیس فهمید چه برسر شوهر مورد علاقه‌اش آمده است، به تلخی گریست. شهبانوی بیوه سوگندی خورد: "انسانها میمیرند ولی عشق زنده میماند. من همهٔ مصر را بدنبال اوزیریس خواهم گشت، و او را خواهم یافت."

او میدانست که تا هنگامی که مراسم خاکسپاری درستی برای او انجام نشده باشد روحش آزاد نخواهد بود که بتواند وارد "دوات" یعنی سرزمین مردگان شود.

ایزیس جستجوی خود را آغاز کرد. همینکه او براه افتاد، سِت تخت سلطنت را تصرف کرد. حکومت او بیرحمانه و خشن بود. شهبانوی نیک مجبور شد در باتلاق و جنگلهای دلتای نیل مسکن گزیند. در آنجا بود که پسر اوزیریس یعنی هوروس را بدنیا آورد. مادر با ملاطفت از بچه پرستاری کرد. اما میدانست که اگر سِت او را بیابد، او را خواهد کشت. این بود که کودک خود را برای مراقبت به الههٔ مهربان دلتا سپرد.

When Isis discovered what had happened to her beloved husband she wept bitterly. But through her tears the widowed queen uttered a vow: "Men die but love lives on. I will search all Egypt for Osiris, and I will find him."

She knew that until the proper funeral rites were performed his spirit would never be free to enter Duat, the Land of the Dead.

Isis began her quest. The moment she was gone Set seized the throne. His rule was cruel and harsh. The good queen Isis was forced to shelter in the swamps and jungles of the delta. There, she gave birth to Osiris' son, Horus. Tenderly the mother nursed her son. But she knew that if Set found him, he would kill him. So Isis entrusted her baby to the care of the kindly goddess of the delta.

شهبانو برای یافتن جنازه اوزیریس همه جا تا دوردست رفت و هیچکس نماند که از او سراغ
صندوق را نگیرد. یک لحظه استراحت نکرد. ولی امید را هرگز از دست نداد.

The queen wandered far and wide seeking the body of Osiris, passing no one
without asking them if they had caught a glimpse of the chest.
Not once did she rest. Never did she give up hope.

جستجوی بیهوده‌اش را مدتها ادامه داد، تا روزی گروهی از کودکان را دید. آنها صندوق را دیده بودند که بر آبهای رودخانه بسوی دریا میرفت. آبهای روان آنرا به ساحلی در سوریه برده بودند و موجها آنرا آرام زیر درخت گز جوانی دفن کرده بودند.

درخت بسرعت بزرگ شده، دور صندوق را گرفته بود و آنرا در میان تنه خود پیچیده بود بگونه‌ای که کاملا از چشمهایشان پنهان شده بود. این درخت عجیب بسرعت قد کشیده، قوی و خوشبو شده بود.

شهرت درخت بگوش پادشاه رسید و هنگامی که آنرا دید فرمان داد "ببُرّید آنرا! این درخت باید ستون کاخ من شود!" تنه درخت در کاخ پادشاه برپای ایستاد و ستون جالبی شد که یک راز نهانی را در دل خود پنهان نگاه داشته بود.

For a long time she searched in vain, until one day she met a group of children. They had seen the chest floating down the river and away out to sea. The swift waters had carried it to the shores of Lebanon, where the waves had gently set it down to rest at the base of a young tamarisk tree. The tree quickly grew up around the casket, enfolding it within its trunk until it was completely hidden.

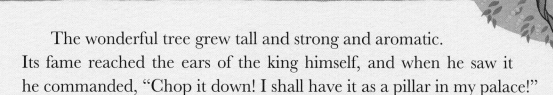

The wonderful tree grew tall and strong and aromatic. Its fame reached the ears of the king himself, and when he saw it he commanded, "Chop it down! I shall have it as a pillar in my palace!"

The trunk stood in the king's palace, a magnificent pillar, its secret still safe inside.

ایزیس فوری و باشتاب به سوریه رفت. آنجا با خدمتکاران ملکه دوست شد،
با آنان به گرمی گفتوگو کرد و به آنها یاد داد چگونه موهایشان را بافته و
بشکل گیسو درآورند. ملکه شیفتهٔ ایزیس شد و از او دعوت کرد تا در کاخش
اقامت کند.

Isis rushed to Lebanon at once. There, she befriended the queen's
maids, chatting warmly, and showing them how to plait and braid their
hair. The queen was enchanted and invited Isis to stay in the palace.

اما خدمتکاران به ملکه خبر دادند که ایزیس هر شب آنها را از اطاق بیرون
میفرستد، در را می بندد، و آنها صدای غریبی مثل صدای جیک جیک
پرندگان میشنوند.

بنابراین، شبی، ملکه در اطاق پنهان شد. چشمانش از تعجب بازماند وقتی
ایزیس را دید که خود را به شکل گنجشکی درآورد، و در اطراف ستونی که
شوهرش در داخل آن زندانی شده بود پرواز کرد و غمناکانه گریست.

But the maids told the queen that every night Isis would send them
out of the room and lock the door, and they could hear an odd sound like
the twittering of a bird.

So, one night, the queen hid in the room. Her eyes widened as she
saw Isis transform herself into a swallow, and fly around and around the
pillar which held her husband prisoner, uttering sorrowful cries.

وقتی که الهه ایزیس حقیقت خود را آشکار کرد و با بالائی بلند و تابناک بالای سر او ایستاد، ملکه بزانو درآمد.

زن گفت: "ای شهبانوی شهبانوان، چرا به اینجا آمده اید؟"

ایزیس لابه کنان گفت: "من شما را قدسِت می بخشم اگر ستون را به من بدهید."

بنابراین فرمان داده شد تا ستون پائین آورده شود. مردان پادشاه تنهٔ بزرگ درخت را بریدند و پائین انداختند.

ایزیس تابوت شوهرش را بیرون آورد، بر روی آن افتاد و با اشکهایش آنرا شست.

The queen fell to her knees as the goddess Isis revealed her true form, towering, radiant, above her.

"Ultimate Queen!" the woman gasped, "why are you here?"

"Please," Isis implored, "I will give you my blessing, if you will give me your pillar."

So, an order was sent to take down the pillar. The king's men cut down the mighty trunk.

Isis drew out the coffin of her husband, and fell upon it, and bathed it in tears.

او تابوت را داخل قایقی گذاشت و همراه آن بر روی آبها پارو زد و رفت.
ایزیس مدتها بود میخواست رخسار اوزیریس را یکبار دیگر ببیند، و همینکه تنها ماند،
در صندوق را باز کرد. او بود. مرده بود. در حالیکه هق هق گریه میکرد او را در آغوش
گرفت و اشکهای گرمش بر روی صورت شوهر چکیدند.

She placed the coffin in a boat and sailed away with it.
Isis was longing to look upon the face of Osiris once more, and as soon as she
was alone, she opened the chest. There he was. Dead. She held him to her as she
sobbed, and her warm tears fell upon the cold face of her husband.

وقتی ایزیس به مصر رسید تابوت را در باتلاقهای دلتا پنهان کرد و با عجله به دیدن پسرش رفت.

اما افسوس! همان شب کسی در تاریکی و در زیر نور مهتاب، دزدانه آمده بود....

When Isis arrived in Egypt she hid the coffin in the swamps of the delta while she rushed to see her son.

But alas! On that very night somebody was lurking in the shadows, out hunting by the light of the moon…

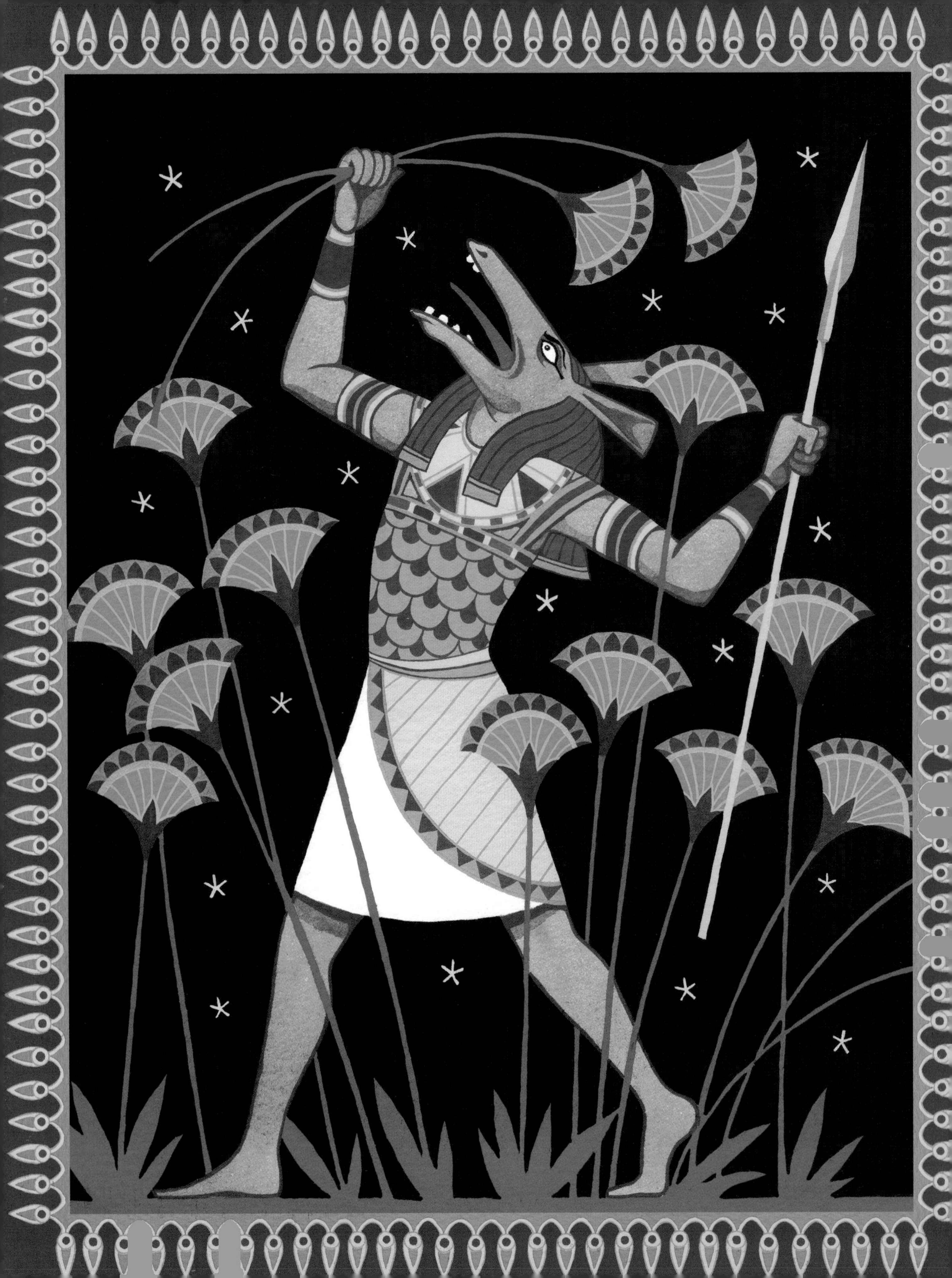

... سِت!

همینکه تابوت را پیدا کرد، بلافاصله آنرا شناخت. با نعره‌های خشم آلود جنازه را از درون تابوت بیرون آورد. خشمگین فریاد زد: "این بار دیگر برنخواهی گشت". آنگاه بدن اوزیریس را دو شقه کرد و پرخاش کنان گفت: "دیگر ایزیس نخواهد توانست تو را خلاص کند". آنگاه چهارده تکه از بدن او را در درازا و پهنای خاک مصر پخش کرد. ایزیس، که رنج بسیاری کشیده بود، و اشکهایش مانند باران جاری بود، این بار باندازه‌ای گریه کرد که آب رودخانه نیل طغیان نمود. آیا او بالاخره دنبال مسأله را رها خواهد کرد؟

…Set! When he came across the coffin he recognised it at once.

With a howl of rage he snatched the body from the chest. "This time you will not return!" he roared, and he ripped Osiris' body limb from limb. "Isis will not save you again!" he snarled, and he scattered the fourteen pieces over the length and breadth of Egypt.

Isis, whose heart had already endured so much, and whose tears had already fallen like rain, now wept tears enough to flood the Nile.

Would she give up at last?

هرگز! شهبانوی شجاع قایقی از پاپیروس ساخت و در باتلاقهای نیل به جستجوی قطعه‌های ارزشمند بدن شوهرش پرداخت. ایزیس همهٔ قطعه‌های شکسته شده را پیدا کرد و همه را یک به یک پهلوی هم گذاشت.

ایزیس و خواهرش نیفتی در کنار جسد نشستند و برای پادشاه مرده آواز سوک خواندند. صدای زاری آنها به آسمان رسید و در اوج آسمان، "را" یعنی خدای خورشید گریهٔ آنها را شنید. او دلش به حال ایزیس سوخت و خدایان "آنوبیس" و "ثوث" را برای یاری او فرستاد.

آنها بدن اوزیریس را بهم چسپاندند و پیچیدند. آنگاه بدن را با مرهمی پوشاندند. باین ترتیب نخستین بدن مومیائی شدهٔ مصر ساخته شد.

Never! The brave queen made a boat for herself from papyrus and sailed the swamps of the Nile searching for the precious pieces of her husband's body.

Piece by piece Isis gathered up the broken parts. Piece by piece she laid them back together.

Isis and her sister Nepthys sat beside the body and sang loud laments for the murdered king. Their wailing reached as high as heaven, and up in the skies the Sun-god Ra heard their cries, and he took pity on Isis. He sent the gods Anubis and Thoth to help her.

Together they swathed the body in bandages. Together they embalmed it with ointment. Thus Egypt's first ever mummy was made.

آنگاه ایزیس معجزه بزرگی کرد که هرگز پیش از آن دیده نشده بود. وقتی بازوهایش را بلند کرد بازوها تبدیل به یک جفت بال شکوهمند شدند. ایزیس برفراز جسد به پرواز درآمد، و همینکه بالهایش را تکان داد، باد بالها به دماغ اوزیریس خورد، هوائی بدرون برد و بعد از آن دوباره نفس کشید. و باین ترتیب بالاخره روح اوزیریس آزاد شد و به سرزمین مردگان رسید. و آنجا مانند داور و پادشاه به فرمانروائی پرداخت.

Then Isis performed a powerful magic, such as had never been seen before. As she raised her arms they were transformed into a pair of glorious wings. Isis flew above the dead body, and as she fanned her feathers the wind from her wings rushed into Osiris' nostrils, and he inhaled, and breathed again.

And so the spirit of Osiris was free at last, and it passed into the Land of the Dead. There he ruled as Judge and King for all eternity.

ایزیس به دلتای رود نیل برگشت تا آنجا کودکش را بزرگ کند. سالها گذشت و هوروس، پادشاه قانونی مصر، تبدیل به مرد جوان دلیری شد. اوزیریس گاهی از سرزمین مردگان پیش او می‌آمد، و مهارتهای جنگی به او می‌آموخت، زیرا بالاتر از هر چیز، می‌خواست انتقام پدرش را بگیرد.

هوروس، پسر ایزیس، و جانشین اوزیریش، با اراده‌ای محکم تصمیم به شکست دادن دشمن خود گرفت.

Isis returned to the river delta to bring up her baby son. As the years passed, Horus, the rightful king of Egypt, grew into a strong and brave young man. Osiris often came to him from the Land of the Dead, and taught him the skills of the warrior, for above all else Horus hoped to avenge his father.

With a firm heart Horus, son of Isis, heir of Osiris, set out to defeat his enemy.

پیکار چندین روز طول کشید. برخی میگویند هوروس نیروی خدایان را طلب کرد تا به او کمک کنند. آنگاه به صفحه‌ای سوزانی تبدیل شد بروشنی آفتاب با آتشین بالهائی گشاده. سپاه سِت که از نور شدید نابینا شده بودند، گیج و سردرگم، بجنگ با یکدیگر پرداختند.

The battle raged for many days. Some say Horus called on the power of the gods to help him, and was transformed into a blazing disc, as bright as the sun, with outstretched wings of fire. Blinded by the brightness, Set's armies were dazzled and confused and they began to attack one another!

اما سِت به آسانی شکست نمی خورد، او جادوی خونخوار خود را طلب کرد و افراد
سپاه را تبدیل به کرگدن و تمساحهای بزرگ نمود. آنها آرام بدرون رودخانهٔ نیل
خزیدند، و آنجا چشم براه قایق هوروس ماندند. قایق هوروس بر آبهای نیل براه
افتاد و مردان او آمادهٔ کار شده بودند. نیزه و زنجیرهایشان از آهن بود، اما با جادو
تقویت شده بود. مردان زنجیرهایشان را در درون آب افکندند، و پاها و
دستهایشان را پوشاندند. حیوانات پر سر و صدا را بسوی نوک تیز نیزه‌هایشان
کشاندند و پوستشان را سوراخ کردند.

وقتی سِت حیواناتش را دید که نابود میشوند، فریاد انتقام او مانند تندر زمین را
لرزاند. سوگند خورد که "من هوروس را شخصاً میکشم"، و یکبار دیگر شکل
خود را عوض کرد. این بار مانند یک غول زشت با هوروس روبرو شد، در حالیکه
لخته‌های خون بدبو از کلهٔ فاسدش میچکید.

But Set was not so easily defeated; he called on fierce magic of his own, transforming his men into an army of huge hippopotami and crocodiles. Silently they slid into the Nile, lying in wait for Horus' boat.

As Horus sailed up the river, his men prepared. Their lances and chains were crafted of iron, but they were strengthened with spells.

The men cast their chains into the water, entangling legs and limbs. They dragged the bellowing beasts towards the sharp points of their lances and pierced their skins.

When Set saw his beasts destroyed, his cries of rage shook the earth like thunder. "I will kill Horus myself," he swore, and changed his form again - he advanced on Horus as a hideous monster, with stinking gore dripping from a rotting head.

هوروس با یک ضربه، سر او را برید، و بدنش را قطعه قطعه کرد. زشتکاریهای سِت بدینگونه پایان پذیرفت.

هوروس پیروزمند بود، وبنابراین برای نخستین بار بر تخت پدرش نشست.

هوروس خردمندانه و نیک حکومت کرد، آنگونه که اوزیریس پیش از او حکومت کرده بود.

With a single slice Horus cut off the head, and hacked the body to pieces. The wickedness of Set was quenched at last.

Horus was triumphant, and so for the first time sat down on his father's throne. And Horus ruled as wisely and as well as Osiris before him.